AF257121

LE BARDE SUR LE MONT ATLAS,

OU QUELQUES

Episodes de la Gloire Française

EN AFRIQUE.

LE BARDE
SUR LE MONT-ATLAS,

OU

QUELQUES ÉPISODES DE LA GLOIRE FRANÇAISE
EN AFRIQUE.

HOMMAGE A L'ARMÉE FRANÇAISE.

Par H.te Puech Fils,

ÉLÈVE DE LA NATURE,

de Saint-Hippolyte (Gard),

> Ombres des Scipion, des Annibal, des
> César, des Frédéric, des Napoléon, de-
> mandez à ces jeunes guerriers qu'elle est
> leur patrie ? Ils vous répondront LA FRANCE,
> et l'écho du mont Atlas dira à l'Univers :
> ILS SONT FRANÇAIS...

PRIX : UN FRANC.

NIMES ;
IMPRIMERIE DE LA VEUVE GAUDE,
BOULEVARD SAINT-ANTOINE.
1844.

A S. A. R.

Monseigneur le duc d'Aumale.

Quand le canon tonnait sur le champ de bataille
Et jonchait la Chiffa de blessés et de morts ;
Quand l'Arabe en fureur défiait la mitraille
Et tentait, mais en vain, d'inutiles efforts ;
Tu fut lancé d'Aumale au milieu du carnage,
Cratère tout en feu dont la brûlante rage
Couvrait son sein fumant de corps ensenglantés,
Dont la lave en fureur par la poudre enflammée,
En exhalant au loin sa mortelle fumée,
Entassait des débris sur les champs dévastés.

D'Aumale, oh ! vois couler cette brûlante larme,
Vois ce coursier fougueux *, s'enfuir abandonné,
Répandre dans le camp, le désespoir, l'alarme
Et briser le grand cœur d'un frère infortuné.

---

* Souvenir historique des bords de la Chiffa.

Etait-ce toi mourant sous le plomb d'une balle?
Non! une voix s'écrie, oh! ce n'est point d'Aumale,
Et déjà pétillant de valeur et d'amour,
Ton œil, ton œil si doux ou brille l'espérance,
Comme un soleil de gloire où se mire la France
Au brave d'Orléans annoncait ton retour.

Oh! de ce souvenir j'invoque ici l'aurore,
Qu'il vienne sur mon luth déposer quelques fleurs,
Répandre sur ma couche où mon cœur souffre encore,
Ces bienfaits généreux qui tarissent les pleurs;
Qu'il vienne sur mon front arracher l'insomnie,
Briser le râle affreux de ma longue agonie,
Et m'accorder l'espoir d'un riant avenir.
Puis suivant pas à pas ta marche triomphale,
Sur les bords africains je reviendrai d'Aumale,
T'accorder sur mon luth un autre souvenir.

H.^{te} **PUECH** FILS,
Élève de la nature,

(Gard) Saint-Hippolyte.

LE BARDE SUR LE MONT ATLAS

ou

QUELQUES ÉPISODES DE LA GLOIRE DES FRANÇAIS EN AFRIQUE.

AFRIQUE, ouvre tes champs au pinceau de l'histoire,
Que tes morts isolés sur tes sables brûlans
Viennent au Barde obscur raconter leur victoire
Et montrer, pour témoins d'une immortelle gloire,
    Leurs cadavres sanglans.

Oh! cadavres épars, enfans de ma patrie,
Faut-il qu'un triste oubli vous lègue au noir cercueil?
Non! la muse française, en s'agenouillant, prie
Et réclame à l'Arabe une tête chérie,
    Un long voile de deuil.

A l'Arabe , oh ! que dis-je , à l'Arabe infidèle ,
A l'Arabe en fureur, à l'Arabe assassin ,
A l'enfant du désert, au Kabyle rebelle ,
Au monstre sans pitié dont la lame cruelle
    Ne frappe point le sein.

Sortez , restes chéris , de vos demeures sombres ,
Venez , braves Français, recevoir quelques fleurs
Sur ce mont que la nue a couvert de ses ombres ,
Voile triste et sanglant qui veut compter vos nombres ,
    Faire couler mes pleurs.

Venez , l'azur des cieux d'un sang pur se colore,
La gloire et ses lauriers vont couronner ce mont ,
Et l'immortalité dit à l'écho sonore :
Proclame à l'Univers ces deux noms que j'adore ,
    D'ORLÉANS , DAMREMONT !

Et toi , poète , et toi qui sus franchir l'espace ,
Gravir les hauts sentiers pour atteindre les cieux ,
Faut-il de Mascara te désigner la trace ,
Te montrer des Bibans la valeur et l'audace
    Les hauts faits glorieux ?

Puis Douéra , Blidah , Coléah , leurs victoires ;
Constantine bravant deux assauts meurtriers ;
Mazagran , Mazagran , le faste de nos gloires ,
Lelièvre et cent soldats aux mains de poudres noires ,
    Leurs immortels lauriers.

Oh! qu'un brûlant transport et t'agite et t'enflamme,
A l'aspect de ce Col * où sombre, épouvanté,
Le Kabyle en fureur par un sourire infâme
Montre aux Français vainqueurs, en exhalant son ame,
    Son corps ensanglanté.

Suis le drapeau français dans ces gorges serrées,
Sur ces rochers à pic, ces ardus mamelons,
Bravant d'Abd-el-Kader les phalanges sacrées,
Les redoutes sans fin par les rocs entourées
    Entends ce cri : *Marchons.*

Mais combien devant toi de gloires immortelles
A ce cri menaçant vont couronner leur front,
Gravir ces hauts sentiers sous les coups des rebelles,
Braver leurs feux, leurs cris, leurs blessures mortelles,
    Escalader le mont.

Quelques Français épars roulent dans la poussière ;
Mais, suivis par les siens, le brave d'Orléans,
S'avance, et Changarnier, et d'Aumale, et Dampierre,
Montent, suivent les pas de sa marche guerrière,
    Sous les canons béans.

---

* J'ai plutôt suivi la marche de mes élans poétiques que celle des évènemens.

Mais ton front s'est couvert d'une pâleur soudaine ;
Oh ! poète inspiré par ta sainte ferveur
Ne crains rien , les débris parsemés dans la plaine,
Tous les cris africains excités par la haine
    N'enfantent point la peur.

Tous ces rocs détachés de la brûlante cîme ,
Ces balles , ces boulets , précurseurs du trépas ,
Le gouffre tout béant d'un large et sombre abîme
Et la faulx de la mort menaçant sa victime ,
    Rien n'arrête leurs pas.

Mais sur leur front superbe un noir cratère fume ,
Et , pareil à l'Etna , vomissant tous ses feux ,
Il n'attend qu'un signal et la mêche s'allume ;
Le mont est ébranlé , mais une épaisse brume
    Plane et s'étend sur eux.

Sortez de vos tombeaux , phalanges intrépides ,
Vieux braves d'Aboukir , d'Austerlitz , d'Iéna ;
Géans de cent combats, vainqueurs des Pyramides ,
Venez des champs glacés de la Bérésina ,
Que vos débris épars , brisés par la mitraille ,
Viennent sur l'Atlas se ranger en bataille ,

Voir ces enfans à peine échappés du berceau,
S'élancer sur le mont, se frayer une route,
Enlever à l'assaut la mortelle redoute,
Qui lance tous ses feux sur leur noble drapeau.

Et toi, divin génie, et toi colosse immense,
Météore brillant qui plane dans les cieux ;
Toi qui repose en paix dans le sein de la France,
Applaudis aux hauts faits de tes jeunes neveux ;
Que ton œil d'aigle encor s'égare dans la plaine ;
Que ton doigt de victoire à la gloire s'enchaîne ;
Que ta puissante voix s'écrie : Ils sont à nous ;
Et que ta main de fer et puissante et divine,
Décorant le soldat sur sa mâle poitrine,
Désigne un mamelon pour dernier rendez-vous.

Ils ont gravi le mont et bravé la mitraille,
Les mamelons sont pris, l'Arabe est plein d'effroi,
Et quittant tout-à-coup l'affreux champ de bataille
Il entraîne avec lui ses tentes et son roi.
C'est assez ! laisse fuir ce vil troupeau d'esclaves,
Laisse un instant la France et ses milliers de braves ;
Suis mes pas, oh ! poète, et planons sous les cieux,
Près du séjour où brille un soleil sans nuages,
Temple saint et sacré des immortelles pages,
Où le burin inscrit tous les noms glorieux.

Suis-moi, la France attend ta marche triomphale ;
Ses champs te sont ouverts pour aider tes efforts ,
Et le Temps , sur sa faulx, dans sa course infernale
Pour toi , barde français , comptera tous les morts.
Oh ! que dis-je ? les morts ! laisse en repos leurs ombres
Dans la nuit du tombeau , nuit des demeures sombres,
Couvre ton luth d'un crêpe et cueillant des lauriers
Consacre un souvenir aux hauts faits de l'histoire ,
Et vas dire à la France, aux beaux jours de sa gloire,
Sur le sol africain reposent tes guerriers.

Ton vol resplendissant bravera les orages,
Ta muse à ton réveil couronnera ton front ,
Et sous un ciel de feu, les vents et les nuages,
Sous Constantine, enfin , un jour te conduiront.
Là, tu verras ces murs témoins de tant de gloire,
Ces murs ensanglantés qu'entourra la victoire,
Où mourut Damremont sous ton noble drapeau ;
Où sut vaincre en guerrier l'intrépide Vallée,
Et sa voix dominant l'infernale mêlée,
Viendra redire encor, OUI, qu'on monte à l'assaut.

Que ta muse, oh ! poète, accompagne ces braves,
Qu'elle monte à l'assaut, sur ces sombres remparts,
Où s'agite en tremblant un vil troupeau d'esclaves,
Horde de rénegats qui fuit de toutes parts.

Mais sur ces murs brisés où brille l'espérance ;
Où flotte aux trois-couleurs le drapeau de la France ;
Un bruit retentissant s'échappe en longs efforts,
Et l'enfer tout-à-coup du centre de la terre,
Sort de son sein fumant les foudres du tonnerre,
Et disperse au lointain des blessés et des morts.

Quels noms ont ces morts courbés dans la poussière ?
Leurs noms ? ce sont des morts ! ces morts, sont tous français !
Et de leur sein sanglant l'heureux Lamoricière,
S'échappe et de la mine a su braver les traits.
Mais pourquoi t'égarer dans cette course immense,
Laisse ces lieux témoins d'une triste vengeance,
Quitte Combe expirant et couronne son front,
Et plantant un laurier sur la terre infidelle,
Grave en lettres de feu la devise immortelle :
ICI FURENT TUÉS COMBES ET D'AMREMONT.

Abandonne ce tertre où dorment tant de braves,
Et pour tout monument et dernier souvenir,
Laisse un saule pleureur, dont les branches esclaves,
Annoncent leur hauts faits aux siècles avenir.
Oh ! que ta course alors, errante, vagabonde,
Plane indistinctement entre le ciel et l'onde,
S'arrête à Tlemcen, Philippeville, Oran,
Vole à Miliana, mais poursuivant ta route
Contemple les débris de l'Arabe en déroute,
Et dis à l'Univers : Honneur à Mazagran.

Vole sur la Chiffa, sur Cherchel, dans les plaines;
Affranchis les tribus, cueille mille lauriers,
Soumets le sombre émir en le chargeant de chaînes
Et proclame la France et ses braves guerriers.
A cent combats divers, la victoire t'appelle,
Suis ses pas de géant, marche, marche avec elle;
Célèbre à haute voix le nom de Changarnier,
De d'Orléans, Nemours, Bugeaud, Lamoricière,
De Damremont, Vallée, et que l'hymne guerrière;
Chante Galbois et Louis *, d'Aumale et Duvivier.

Puis dépasse la nue et franchis la distance,
Foule la mer béante et ses gouffres sans fin,
Et prie, oh! barde, prie, oh! prie enfin la France;
Oui, la France, en disant! FRANCE! FRANCE, j'ai faim,
J'ai faim, oh! fais cesser ma cruelle agonie,
Enlève de mon front la brûlante insomnie,
Sois mon rêve de gloire ou mon brillant soleil,
Et que ta voix d'amour, ta voix, ta voix puissante,
Vienne me dire ici, sonore et frémissante,
BARDE, JE N'ATTENDAI QUE L'HEURE DU RÉVEIL.

---

* Le duc de Montpensier.

Ombres des Scipion , des Annibal , des
César , des Frédéric , des Napoléon , de=
mandez à ces jeunes guerriers qu'elle est
leur patrie? Ils vous répondront LA FRANCE,
et l'écho du mont Atlas dira à l'Univers :
ILS SONT FRANÇAIS....

La muse immortelle dirige les pas du jeune barde
au milieu des rochers à pic, des mamelons sans
nombre, sur les plus hautes sommités de l'Atlas, il
plane au dessus de l'aigle, fend la nue qui le couvre
et le temple éblouissant des muses paraît à ses re-
gards !!! Des sons harmonieux frappent son oreille,
il écoute et mille chants se font entendre et mille
échos les répètent dans le lointain, dans le vague
de l'espace, dans l'abîme des mers ; alors des milliers
d'ombres, couvertes de lauriers, passent et repassent
devant lui et vont choisir leur place dans le temple
saint et sacré, où le livre d'or de l'histoire attend que

le burin vienne inscrire dans ses pages la gloire des Français en Afrique.

Des fanfares guerrières se font entendre ; quelques ombres s'avancent , elles se glissent lentes et majestueuses au milieu de l'auréole de gloire qui les attend et les noms des Annibal, des Scipion , des César, des Frédéric, des Napoléon retentissent ; une autre ombre s'avance , elle s'incline devant celles des Turenne, des Condé et montre , pour titre de gloire, le laurier d'Anvers, d'Oran , de Coléah , de Blidah , de Douéra , de Milah et des Bibans.

Celles des braves de l'Empire ont choisi leur place sous l'immense drapeau où sont gravées en lettres étincelantes leurs mémorables victoires ; d'autres vont entendre la voix solennelle qui va faire retentir ces voûtes sacrées , de leurs noms , de leurs combats , de leurs victoires ; ici paraissent celles des Damremont, des Perregaux , des Combes. Là , celles des trois braves de Mazagran ; plus loin et par milliers celles qui depuis la prise d'Alger ont su, par leurs hauts faits , choisir leur rang d'immortalité dans l'asile consacré à leur gloire.

Alors de nouveaux chants se font entendre ; chants suaves, harmonieux , chants de gloire, chants de triomphe , et la voix solennelle s'élevant au dessus de leurs accords fait entendre à l'univers ces noms magiques que le burin inscrit dans le livre sacré, gage et dernier souvenir que la postérité conserve dans son sein , que la gloire environne , que l'immortalité décore et que respecte le temps.

※

Charles-Quint avait vu ses pavillons pâlir devant la puissance d'Alger ; d'Estrée, Duquesne et Tourville l'avaient bombardée ; Napoléon, dans ses désirs de gloire , aurait voulu la placer au rang de ses victoires ; mais, empêché par sa guerre européenne, il avait toujours laissé l'hydre des mers avec ses pirateries et ses esclaves. Cependant lord Exmouth lui avait dicté ses lois ; mais il appartenait à la France de faire cette importante conquête et l'amiral Duperré put graver sur son pavillon, dans la baie de Sidi-Ferruch : CONQUÊTE D'ALGER.

Alger appartient à la France , malgré la défense presque héroïque des Arabes , des redoutes , des canons, des forts ; des milliers de Français s'immortalisent ; le drapeau national flotte sur le fort de l'Empereur. Un des vétérans de l'Empire , le brave maréchal Clauzel, est investi d'un commandement de troupes ; Médéah est son premier point d'attaque ; sept mille braves s'avancent sur le sol Africain ; Blidah est abandonné , la ferme de la Mouzaïa est déserte.

2

ou sont les ennemis ? s'écrient les Français. Mais l'ennemi s'avance , les Kabyles viennent de quitter leurs montagnes ; ils se placent en embuscade der-rière leurs ravins, leurs rochers à pic , dans leurs gorges resserrées et leurs coups de fusil retentissent dans la plaine par détonnations prolongées qui, sui-vies par d'affreux hurlemens, font un bruit pareil à celui d'une forte tempête ; mais , qu'importe aux Français , ils montent, montent toujours , et les Ka-byles épouvantés reculent, il faut franchir le col de Teniah , surprendre Médéah , le premier est franchi et les rejetons de l'Empire entendent la voix tonnante de leur chef qui leur crie :

SOLDATS , JE RAPPELLERAI ICI LES PAROLES D'UN GRAND HOMME : DU HAUT DE CES MONUMENS QUARANTE SIÈCLES NOUS CONTEMPLENT.

Médéah voit nos brillantes colonnes : trois batail-lons restent pour sa défense ; Ben-Omar , investi de l'autorité de bey, est chargé par le maréchal Clauzel de rappeler les populations fugitives ; elles revien-nent , mais Oulid-Ben-Mezrag attaque Médéah ; Ben-Omar réclame des secours, 4,000 hommes par-tis d'Alger s'avancent , délivrent la ville et la lais-sent encore réduite au courage de ses habitans , nos alliés. Cette forte colonne veut repasser le col, les Kabyles l'attaquent , elle se défend avec ce courage à l'épreuve qui n'appartient qu'aux Français. Un de ses bataillons est enveloppé par une multitude d'Arabes et fait des efforts de prodige et de valeur, son chef succombe, son drapeau est enlevé par l'ennemi; mais l'intrépide Duvivier s'élance et bondit sur le champ de bataille comme un lion en fureur; les Zoaves le suivent, quelques braves du 66.me veulent obtenir leur couronne, et l'ennemi attaqué vivement, forcé sur ses mamelons rend le drapeau français!!

Combats sur combats, batailles sur batailles, traités d'alliance avec des chefs de tribus qui n'attendent que l'instant favorable pour tourner leurs armes contre les Français, Kadji-el-Séghir est du nombre, Couïder-Ben-Rebbah signe un traité de paix qui n'est que de courte durée et des flots de sang inondent l'Afrique Quelques beaux faits d'armes, quelques villes prises signalent les premières années de notre conquête, Abd-el-Kader se met en ligne, l est battu par le général Desmichels; un traité de paix est signé avec ce kalifa de Mascara qui bientôt rompu n'offre qu'une suite d'assassinats, d'embuscades, de morts affreuses; les tribus du Grand-Désert se réveillent de leur apathie, le brigand El-Darcaoni s'échappe de ses sables brûlans, et suivi par les siens porte partout la terreur et la dévastation. Abd-el-Kader le combat, le met en fuite, et politique ambitieux soumet à sa destinée Médéah et Miliana.

Mascara nous appartient, S. A. R. Mgr. le duc d'Orléans fait des prodiges de valeur, il entame les masses compactes et serrées que le sombre Abd-el-Kader a réunies sous les murs de sa ville natale, et ces masses foudroyées par l'artillerie, chargées à la baïonnette, laissent leurs morts et leurs blessés sur le champ de bataille et reculent épouvantées. Mascara nous appartient, mais cette ville est bientôt réduite en cendres, le chef arabe aperçoit dans sa fuite les longues flammes et la fumée gigantesque qui s'élève dans la nue, il jure par Mahomet de se venger.

Cette expédition de Mascara tout en offrant sa page de gloire, place aussi son crêpe à côté d'un laurier, le combat de Mactah ouvre une vaste tombe; les Arabes veulent venger Mascara, ils dressent une embuscade, nos braves y trouvent une mort glorieuse, la pluie tombe par torrens, le soldat n'a point de pain, point de munitions, point de bivouac, mais il est Français; il souffre, et il combat encore; son prince lui donne l'exemple, il foule le sombre Arabe et rentre à Mostaganem.

PRISE DE CONSTANTINE.

Si le brave maréchal Clausel avait rappelé dans sa première expédition le souvenir de la retraite de Moscou, la seconde commandée par le général Damremont et de S. A. R. Mgr. le duc de Nemours devait faire disparaître de nos armes l'espèce d'humiliation qu'elles avaient subi sous les murs de cette ville où régnait l'orgueilleux bey Achmet : 20,000 hommes s'avancent, ils s'arrêtent au camp de Méjez-Amar, les vivres sont distribués, les caissons, les attelages sont prêts, les chants de gloire retentissent, et les bords de Loued-Zenati près de Sidi-Tantaour offrent un champ de repos à nos braves guerriers, ils s'arrêtent à Loued-Mezroug, sont attaqués par les Arabes qui n'offrent qu'une légère résistance et arrivent sous les murs de Constantine.

La première et deuxième brigades s'établissent sur le Mansoura avec trois batteries pour faire brèche sur la porte d'Elcantara, seul point accessible et démonter la grosse artillerie des Arabes, le général Damremont, S. A. R. Mgr. le duc de Nemours, tout l'état-major s'établissent sur la hauteur de Condjat-Ali séparé de Constantine par le cimetière des Arabes et le Rummel qui coule, lent et silencieux, sous ses remparts.

Mais c'est en vain que l'artillerie s'épuise en longs

efforts, que ses boulets franchissent l'espace, les murs ne sont point atteins., leur distance est trop éloignée. et l'artillerie arabe balaie la plaine à une grande distance ; mais il faut vaincre. On pratique des chemins pour transporter les pièces de Mansoura à Condéat-Ali, le temps se déclare contre nos armes , la pluie tombe par torrens , ces chemins ne sont plus praticables , il faut en former de nouveaux , par une nuit sombre, obscure , traîner les pièces , c'était gravir le Mont-Saint-Bernard ; elles y arrivent , et sont pointées sur la ville , mais la force du soldat est presque épuisée , il vient de lutter et lutte encore avec le froid, la pluie glacée , avec la mitraille Arabe ; il cherche un abri et ne craint point pour le trouver d'enlever les squelettes qui reposent dant les caveaux arabes et de s'abriter dans cet asile de mort.

Le brave et intrépide duc de Nemours partage avec le soldat cette cruelle situation , le conseil s'assemble , Damremont et une partie de l'état-major sont déjà d'avis de battre en retraite ; Mgr. le duc de Nemours , quelques officiers supérieurs , enfin la majorité combattent ce projet et veulent s'ensevelir sous les ruines des remparts ou prendre la ville d'assaut ; le projet circule dans les rangs et pareil à l'étincelle électrique enflamme les soldats français d'un nouveau courage , vaincre ou mourir n'est qu'un cri qui se répercute dans le lointain comme le bruit d'une vague mugissante qui, soulevée par la tempête et tombant dans l'abîme des mers, épouvante tout ce qui l'entoure, vaincre ou mourir !!! et le tambour bat la charge, les fanfares sonnent, la première batterie commence son feu, les boulets tombent et pleuvent de toutes parts, le plateau de Sidi-Mabroug en est plein. Condiat-Ali riposte, nos feux redoublent, ils sont encore trop éloignés et nos artilleurs intrépides et les braves du génie se précipitent ; une seconde batterie est avancée, le rempart croule et forme une large brèche ; les boulets arabes redoublent, Damremont n'est plus ! Damremont vient de recevoir la mort en désignant le point d'attaque, un boulet le frappe d'un coup mortel et lui fait trouver sur le sol africain ce trépas glorieux qu'on obtient sur le champ de bataille !

Le général Vallée est investi du commandement suprême et avec ce sang-froid caractéristique des héros de l'Empire : il demande au chef de la batterie combien il a de coups à tirer, quatre-vingts, mon général, « qu'on les tire et qu'on monte à l'assaut, s'écrie-t-il. »

Trois colonnes s'avancent, l'intrépide Lamoricière, à la tête de la première colonne, méprisant les balles et la mitraille arabe, se précipite et monte à l'assaut, le brave colonel Combe s'avance avec la seconde, et sa course, pareille à l'éclair qui fend la nue, va soutenir la première colonne qui, déjà aux prises avec les Arabes, combat corps à corps ; la troisième colonne suit de près, et tout le corps d'armée court au pas de charge !!!

Mais l'enfer, tout béant du centre de la terre, fait entendre une horrible détonation ; les échos lointains gémissent, les ondes du Rummel murmurent, mille projectiles lancés dans les airs obscurcissent l'éclat du jour, les ossemens de deux cents cadavres se dispersent ; des corps mutilés, couverts de sang, rendent le dernier râle, et du milieu de leurs débris s'échappe un cadavre sanglant, ce cadavre, son nom retentira et la gloire le couronnant d'un triple laurier, gravera sur son auréole le nom de LAMORICIÈRE sauvé par Jéhova, du milieu des cadavres, des débris et le décorera du titre de l'*Enfant chéri de la Victoire.*

Mais, quel spectacle ! quel horrible tableau ! Constantine regorge de sang, la mort plane partout, les maisons brûlent, les remparts ont croulé, les Arabes se défendent encore, mais succombent sous la baïonnette de nos intrépides soldats ; ils reculent couverts de sang et de larges blessures, et le carnage cesse, le drapeau français flotte sur le palais de Bey-Ach-Met qui fuit, entraînant dans son infortune quelques cavaliers arabes qui vont partager dans le

désert son désespoir et sa haine. Damremont, Perregaux, Combes, officiers, soldats, recevez tous
votre couronne de gloire ; elle est due à votre courage, à votre valeur, et vos noms immortels, comme
votre victoire, gravés dans le livre saint et sacré,
recevront pour devise :

LES VAINQUEURS DE CONSTANTINE.

Le traité de la Tafna est rompu ; Abd-el-Kader,
indigne de notre alliance, fait égorger, sans pitié,
la garnison de Koléah, il fait ravager et incendier
la riche et immense plaine de la Métidja, porte la
terreur et la désolation dans tous les lieux où la
horde de Barbares qui l'accompagne peut exercer sa
fureur et sa rage, il enlève nos convois, surprend
les hommes isolés et sans pitié, avide de sang, de
carnage, il frappe ! et monstre affamé, se repaît du
sang des victimes qui tombent sous ses coups, mais la
France prépare des forces. Deux de ses fils viennent
avec une armée de braves ! Médéah, capitale de l'émir,
est le rendez-vous. Français, vous serez vengés !

Mais l'heure de la vengeance sonne, nos armes obtiennent un succès complet et les rives
de l'Ouad-el-Kebir et de la Chiffa entendent nos
chants de triomphe, le canon tonne, la mitraille

ouvre les rangs, les balles sifflent, la charge bat sur toute la ligne, une masse compacte, noire, s'avance avec des hurlemens affreux, la cavalerie arabe s'ébranle, mais l'intrépide Bourjoli les charge avec la cavalerie française ; ils veulent fuir, il n'est plus temps, le premier régiment des chasseurs d'Afrique les tourne, ils sont pris entre deux feux, ils n'ont que la Chiffa pour retraite, il faut combattre ou se rendre, ils ne se rendent pas, mais succombent désespérés.

Les feux sont croisés sur le champ de bataille, la mort plane indistinctement et tue officiers et soldats. S. A. R. Mgr. le duc d'Orléans demande l'aide-de-camp de service, le jeune duc d'Aumale dont dix-sept printemps à peine décorent le front, se présente, le duc d'Orléans regarde un instant la plaine, qui n'offre qu'un tableau de sang et d'horreur, que l'aspect d'un cratère embrasé, vomissant ses laves, puis dit au brave d'Aumale : *Ce n'est pas à ton tour, d'Aumale* [*] ; mais le jeune prince fait un signe de tête affirmatif, demande l'ordre et s'élance au galop dans la plaine, dix minutes s'écoulent, un coursier démonté fuit avec la rapidité de l'éclair, l'infortuné duc d'Orléans pâlit, deux larmes coulent, c'est son frère tué sur le champ de bataille. *Non ! une voix*

---

[*] Historique, souvenir intime de Mgr. le duc d'Orléans.

s'écrie, oh! ce n'est point d'Aumale! Le jeune prince
arrive un instant après, la victoire est à nous. Les
Arabes cèdent le terrain, abandonnent leurs canons,
leurs drapeaux, leurs morts, leurs blessés et s'échap-
pent dans leurs montagnes!

MAZAGRAN.

Mazagran, dis leurs noms au temple de la gloire;
  Leurs noms et leurs brillans hauts faits;
Leurs noms chers à la France et chers à la victoire;
  Leurs noms, oh! qu'importe à l'histoire,
  Ils étaient tous soldats Français.

Quelques vieux murs forment la défense de Mazagran, mais, dans son enceinte, cent vingt-trois soldats français, commandés par l'intrépide Lelièvre,
rendent ses murs formidables, le kalifa de Mascara,
cet ambitieux lieutenant d'Abd-el-Kader, après avoir
soulevé ses nombreuses tribus organise une armée
de dix-huit mille combattans, marche à leur tête,
promet des récompenses, prêche la guerre sainte et
arrive devant la faible garnison de Mazagran avec
deux pièces de canon pour battre en brèche les quelques pans de muraille qui l'abritent, monter à l'assaut, surprendre la garnison, mais une défense

héroïque l'attend ; ces cent vingt-trois braves font un feu continuel, sur les masses compactes et serrées qui se pressent, qui avancent, qui reculent, flux et reflux mouvant qui laisse des rangs entiers sur le champ de bataille !

Mais les rangs se resserrent, ils avancent en tremblant, montent à l'assaut, combattent une heure cette poignée de braves que la mort ne fait point pâlir, que le nombre n'épouvante pas, et tous au poste sacré, obéissant aux ordres de l'intrépide Lelièvre, font reculer l'ennemi !!!

Quatre jours de combats, quatre jours de victoires, point de trève, point de repos, presque point de vivres, le sommeil ne vient pas effleurer leurs paupières, debout sur leur fragile point de défense, sans munitions, ils attendent l'ennemi, croisent la baïonnette et les morts entassés sont des remparts humains tellement inexpugnables qu'une terreur panique s'empare des Arabes, ils n'écoutent plus la voix de leurs chefs, abandonnnent Mazagran ; Mazagran à jamais immortalisé dans les annales des grandes actions, des beaux faits d'armes ; Mazagran, qui sur 123 braves compte encor dans son enceinte 120 guerriers, trois seulement ont mordu la poussière et leurs ombres traversant l'espace disent à l'univers :

MAZAGRAN ! MAZAGRAN !!!

D'autres combats , d'autres victoires décorent le front de nos colonnes , le 22.me de ligne s'immortalise , le 2.e léger décore son drapeau de l'auréole victorieuse ; le colonel Jusuf enlève aux Arabes le butin qu'une embuscade dans les gorges de Tansalmet lui ont fait obtenir ; la ville de Cherchel est prise par le maréchal Vallée et le général Duvivier , les Kabyles sont battus et la victoire entonne ses chants de triomphe !!!

Le général Galbois attaque les Caractas , ses tirailleurs se déploient pour attirer l'ennemi , cette manœuvre habilement exécutée engage le combat , 4,000 cavaliers sont en présence , ils font une charge , notre cavalerie s'élance , les met en fuite et les poursuit avec un tel acharnement que tous ses troupeaux nous appartiennent ; mais l'intrepide Lepic , lieutenant de chasseurs , fils du brave général Lepic mort sous l'Empire , n'est plus ; une blessure au bras , cinq balles dont deux l'ont frappé au cœur le mettent hors de combat , il meurt en combattant !!!

MÉDÉAH , COL DE MOUZAYA.

Ce col est à cinq heures de marche de Mouzaya et à quatre seulement de Médéah , il est élevé de cinq cent toises ; au faîte il forme un passage res-

serré d'une longueur de trois ou quatre cents pas,
le chemin en plusieurs endroits, et particulièrement
à son point culminant, se présente comme une cou-
pure pratiquée dans le roc. Ce passage est dominé
à gauche par des roches boisées très abruptes, et protégé à droite par un ravin profond que ses escarpemens rendent impraticable. Le chemin qui y conduit
serpente sur un terrain très difficile et très accidenté,
terrain couvert et boisé, qui présente à chaque pas
des positions secondaires très favorables à un ennemi
qui veut défendre le passage.

Au delà, le chemin descend vers Médéah par des
pentes un peu moins rapides, à travers un terrain
de la même nature. Le chemin toutefois est un peu
plus large et ce versant méridional est pavé en
plusieurs endroits. Le terrain se découvre et ne présente plus que des ondulations d'un facile accès, au
bois d'oliviers de Zeboudji-Asara à une heure environ de Médéah.

❖

PASSAGE DU TENYAH [*]

Les combats livrés depuis l'ouverture de la campagne avaient épouvanté les Arabes, les pertes qu'ils

---

[*] N'ayant pas été témoin oculaire de ce passage, et après avoir
consulté plusieurs rapports dignes de foi, j'ai cru devoir choisir
celui du maréchal Vallée.

avaient éprouvées , la destruction d'une grande partie des établissemens formés par les Hadjoutes ; de
leurs moissons effrayaient les tribus ; Haoueh-Mauzayá
rendez-vous de nos approvisionnemens nous offraient
ses ressources.

Le Teniach ne peut être abordé de front , et lors
même qu'on pourrait y arriver , il est tellement dominé par des rochers à pic , qu'il serait impossible
de s'y maintenir ; la route qui y conduit , construite
en 1836 par le maréchal Clauzel , suit d'abord une
arête qui se dirige du Sud au Nord , et qui permet
d'arriver sans de grandes difficultés, jusqu'au tiers de
sa hauteur. La route se développe ensuite jusqu'au Col
sur le versant occidental de la montagne en contournant
plusieurs arêtes ; elle est dominée constamment par
les crêtes qui se rattachent d'un côté au piton de
Mouzaya, et de l'autre au Col lui-même. A droite de
la route se trouve un profond ravin , qui prend naissance au Col , et dont la berge occidentale , extrêmement tourmentée ne peut être abordée sans de
grands dangers. A l'Ouest du Col , la chaîne se bi-
furgue , s'abaisse et se rattache par une arête peu
élevée , au territoire de Boualouan.

Le Col n'est abordable , en venant de Mouzaya ,
que par la crête orientale , dominée toute entière
par le piton de Mouzaya. Abd-el-Kader , depuis six
mois , avait fait exécuter de grands travaux pour le
rendre inattaquable ; un grand nombre de redoutes ,

reliées entr'elles par des branches de retranchemens, couronnaient tous les saillans de la position et sur le point le plus élevé du piton un réduit presque inabordable avait été construit ; d'autres ouvrages se développaient ensuite de la crête jusqu'au Col. Les arêtes que la route contourne avaient été également couronnées par des redoutes, et le Col lui-même était armé de plusieurs batteries. Enfin l'émir avait réuni sur ce point toutes ses troupes régulières. Les bataillons d'infanterie de Médéah, de Miliana, de Mascara et de Sébaou, avaient été appelés à la défense du passage, et les Kabyles de toutes les provinces d'Alger et de Tittery avaient été convoqués pour défendre une position regardée comme la plus importante de l'Algérie.

S. A. R. Mgr. le duc d'Orléans est chargé d'enlever la position avec sa division, et trois bataillons de la deuxième division, le reste de cette division et le 17.me léger forment une réserve prête à appuyer, au besoin, les mouvemens du prince royal.

Le plan d'attaque est dicté par la nature du terrain. L'occupation du piton de Mouzaya est indispensable, il faut arriver par la gauche, de manière à protéger la marche de la colonne que suit la route.

Mgr. le duc d'Orléans forme sa division sur trois colonnes : celle de gauche commandée par le général Duvivier, composée de deux bataillons du 2.me léger , d'un bataillon du **24**.^{me} et d'un bataillon du **41**.^{me} et forte environ de 1,700 hommes a pourmission d'attaquer le piton par la gauche et de s'emparer de tous les retranchemens que les Arabes y ont élevé.

La seconde colonne , sous les ordres du colonel de Lamoricière , est composée de deux bataillons de Zouaves , du bataillon de tirailleurs et d'un bataillon du 15.me léger , elle est forte d'environ 1,800 hommes et doit dès que le mouvement de la gauche sera prononcé , gravir par une arête de droite , afin de prendre à revers les retranchemens Arabes et se prolonger ensuite de la crête jusqu'au Col.

La troisième colonne que dirige le général d'Houdetot doit avec un bataillon du 48.me et le 23.me aborder le Col de front , dès que le mouvement par la gauche aura forcé l'ennemi à évacuer les crêtes.

La 2.me division et le 17.me léger couvriront les mouvemens de la première , protègeront la marche de l'artillerie que suit la route et doivent repousser les attaques des Kabiles.

Le 12 mai , à quatre heures du matin , le général de Rumigny couronne le mamelon qui domine l'entrée de la route... Mgr. le duc d'Orléans commence son mouvement , arrive sans aucune résistance jusqu'au plateau du déjeûner , les Kabiles se placent dans les retranchemens construits par ordre de l'émir. Midi sonne , le prince royal fait faire tête de colonne à gauche au général Duvivier. Les troupes s'élèvent vers le piton de Mouzaya par un terrain d'un accès extrêmement difficile , et sur lequel elles ne peuvent marcher qu'en s'aidant avec les mains.

La colonne gravit les pentes du piton de Mouzaya, elle est accueillie par une vive fusillade qui la prend de front et en flanc. Les Kabiles sont embusqués derrière les roches presque à pic sur lesquelles il faut monter , et ils ont profité pour cacher leurs tirailleurs de ravins infranchissables et construit trois retranchemens successifs dont les parapets sont garnis de nombreux défenseurs. Le général Duvivier fait rapidement marcher la colonne vers la crête , à gauche du piton , sans s'inquiéter des retranchemens qui sont débordés et enlevés par ses flanqueurs , pendant que la colonne , profitant du passage d'un nuage qui empêche l'ennemi de l'apercevoir , fait une halte de quelques instans. Elle continue ensuite son mouvement , et sortant du nuage , elle essuie à demi-portée le feu de trois autres retranchemens , se dominant entr'eux et dont le dernier protégé par un réduit se relie par un retranchement au sommet du pic où se trouve un bataillon régulier.

Deux bataillons et des masses de Kabiles défendent cette position. Ils dirigent sur nos soldats un feu de deux rangs qui met hors de combat un grand nombre d'entr'eux. Le 2.me, électrisé par l'exemple de ses

Officiers et entraîné par la vigueur du colonel Changarnier se précipite sur les retranchemens. La charge
bat et les redoutes sont enlevées. Les Arabes qui oc-
cupent le pic veulent essayer un retour offensif,
mais abordés eux-mêmes par une intrépidité sans
exemple, ils sont culbutés dans les ravins, et le
drapeau du 2.me léger, si connu en Afrique, flotte
glorieusement sur le point le plus élevé de la chaîne
de l'Atlas. Le général Duvivier échelonne sur la route
qu'il vient de parcourir les bataillons du 24.me et du
41.me, et porte le 2.me léger dans la direction du
Col.

Pendant ce glorieux combat Mgr. le duc d'Orléans continue sa marche avec les deux autres colonnes, à trois heures elles arrivent à une arête boi-
sée qui prend naissance à droite du piton et sur laquelle le maréchal Vallée lance la deuxième colonne.
Le colonel de Lamoricière que suivent les zouaves
et le restant de la colonne s'élance vigoureusement.
Ces braves soldats montent péniblement sur une pente
d'un accès presque impraticable. Une première redoute est débordée et occupée rapidement, une
autre est enlevée par le 1.er bataillon de zouaves, et
la colonne se trouve séparée par une gorge à pentes
abruptes, d'un troisième retranchement d'où l'ennemi
dirige sur elle un feu de deux rangs à demi-portée
de fusil. Le mouvement de cette 2.me colonne est
aperçu du Col. Deux bataillons réguliers et de nom-

breux Kabiles se portent rapidement sur un plateau de roches à pic, d'où ils dirigent, avec un aplomb remarquable, un feu de deux rangs sur les zouaves qui marchent les premiers. Mais la marche du 2.me léger se fait entendre sur les derrières de l'ennemi, les zouaves arrivent alors au pied du retranchement; par un élan d'enthousiasme, ils se précipitent dans l'intérieur, culbutent l'ennemi, et quelques instans après, les deux colonnes font leur jonction au point où l'arête se détache de la chaîne. Les troupes de tous les corps se précipitent avec toute la rapidité que permettent les difficultés du terrain à la poursuite de l'ennemi en se dirigeant vers le Col.

La 2.me colonne atteint la crête, le prince royal suivi du 23.me et du 48.me marche vers le Col, l'ennemi essaie de l'arrêter en démasquant une batterie placée à l'ouest du Col, dans une position d'où elle bat en écharpe la direction de la route.

Le maréchal Vallée fait avancer la batterie de campagne, et dès qu'elle est à portée de Col, elle commence son feu qui éteint celui de l'ennemi et facilite, à M. le duc d'Orléans, l'attaque directe de la position. Le prince royal lance un des bataillons du 23.me en tirailleurs sur la gauche et se porte à la tête des deux autres sur le Col, où il arrive au moment même où la colonne de gauche atteint les crêtes qui le dominent. Mgr. le duc d'Aumale, dont plusieurs occasions ont déjà signalé le courage, voit que le colonel Gueswiller a de la peine à suivre cette marche rapide, se jette à bas de son cheval, force le colonel de le prendre, court à la tête des grenadiers et arrive des premiers sur le Col, que les Arabes évacuent en désordre. Le prince royal fait poursuivre l'ennemi par les trois colonnes réunies ; les bataillons réguliers d'Abd-el-Kader se retirent dans la direction de Miliana, et les Kabiles se dispersent rapidement.

Pendant que la 1.re division enlève la position avec tant de vigueur, l'arrière-garde repousse des attaques sérieuses contre de nombreux rassemblemens de Kabiles conduits au combat par des cavaliers d'Abd-el-Kader ; le brave général de Rumigny est atteint d'une balle à la cuisse, mais nos braves repoussent l'ennemi qui se retire dans toutes les directions.

Auprès du prince royal, le lieutenant-général Marbot est frappé d'une balle au genou qui lui fait une grave blessure ; 200 hommes sont mis hors de combat dans le 2.me léger, plusieurs officiers sont tués ou mortellement blessés à la tête des troupes ; parmi les morts se trouve l'intrépide capitaine Rigondet et le jeune lieutenant Guyon qui, par de brillantes actions, ont acquis, dans ce corps d'élite, une belle réputation de bravoure et d'habileté. Tous les corps se sont immortalisés, princes, généraux, officiers, soldats, ont rivalisé de courage ; tous se sont montrés dignes de cette valeur héroïque qui n'appartient qu'aux Français, et la postérité gravera dans ses fastes ;

PASSAGE DU TÉNIAH !

MARCHE SUR MÉDÉAH.

Mgr. le duc d'Orléans prend position au pied de la pente du sud , dans le bois des Oliviers. Le colonel Gueswiller franchit successivement tous les ravins dont l'ennemi profite pour arrêter sa marche ; plusieurs positions sont enlevées à la baïonnette, et les Kabiles qu'Abd-el-Kader a fait appuyer par deux bataillons réguliers, sont rejetés au loin et obligés de se retirer en désordre après avoir combattu plusieurs heures et éprouvé des pertes considérables.

En même temps, les Zouaves abordent un bataillon régulier dans le bois des Oliviers et le rejettent au delà de la Chiffa.

A cinq heures du soir , tout le corps expéditionnaire s'établit dans le bois des Oliviers, d'où on reconnaît la position qu'Abd-el-Kader a choisie pour couvrir Médéah.

De cette ville, par une crête qui se termine par des

roches à pic, à environ une lieue du bois des Oliviers ; du pied de ces roches un plan très incliné conduit jusqu'à la rive droite de la Chiffa : à l'ouest, plusieurs arêtes se détachent de ce chaînon et courent dans la direction du Chéliff : L'une d'elles, qui se relève plus loin sous le nom de Gantas , forme la ligne de partage des eaux de ce fleuve et de celles de Bou-Roûmi, affluant de l'Ouâd-Jer. Les pentes quoique rapides de ce côté , sont cependant abordables ; à l'est , au contraire , de nombreux ravins rendent la marche très pénible ; dans cette direction , on arrive au chemin de Beni-Salahs par des escarpemens faciles à défendre.

La route du Col à Médéah , suit , à l'ouest , le pied de cette chaîne de hauteurs sur laquelle l'émir place son infanterie et tous les Kabiles qui restent encore autour de lui. Plusieurs redoutes montrent leur gueule béante sur des escarpemens à pic dont le feu empêche de suivre la route , une batterie placée à l'extrémité du Djebal-Dakla veut arrêter la marche de nos colonnes. Abd-el-Kader a déjà pris position avec toute sa cavalerie au pied du Gantas et se prépare à nous attaquer , pendant que nous aborderons la redoute du Dakla.

PRISE DE MÉDÉAH.

Mgr. le duc d'Orléans opère son mouvement avec la 1.re division, dépasse l'arrête du bois des Oliviers, déploie sa division. Le convoi protégé par le 47.me serre sur elle, et la 2.me division se forme en seconde ligne, le corps d'armée se porte dans cet ordre sur Médéah, à onze heures il arrive sous la ville sans s'inquiéter de la cavalerie et infanterie arabe.

Mgr. le duc d'Orléans se porte aussitôt contre les positions occupées à l'est par l'ennemi, pendant que le 17.me léger, appuyé par la cavalerie de réserve, tourne la ville par la droite.

Au moment où le prince royal arrive au pied de la position qu'il doit enlever, l'artillerie de campagne mise en batterie par ordre du maréchal Vallée ouvre son feu ; aux premiers boulets qu'il reçoit, l'ennemi abandonne sa position, le prince royal le poursuit vivement et lui fait éprouver quelques pertes. Les Arabes disparaissent dans la direction des montagnes de Reigha. La 1.re division prend position de Médéah. La 2.me, après avoir repoussé une attaque de Kabiles, continue sa marche en échelons par la gauche et arrive à Médéah.

RETOUR DE MÉDÉHA.

COMBAT DU 20 MAI.

Le 20 mai, et après avoir quitté à Médéah 2,400 hommes sous les ordres du général Duvivier, le corps expéditionnaire quitte Médéah. La division du prince fait l'avant-garde. Le 17.me léger, soutenu par un bataillon du 15.me léger et un bataillon du 48.me de ligne, est chargé de l'arrière-garde. Abd-el-Kader, avec sa cavalerie forte de 4 à 5,000 chevaux, prend position sur la route de Miliana. Deux bataillons d'infanterie régulière s'établissent sur une arête intermédiaire entre le Col et la vallée du bois Roumi et un troisième bataillon appuyé par les Kabiles prend position sur la rive droite de la Chiffa. Lorsque notre mouvement sur le bois des Oliviers se dessine, la cavalerie Arabe s'élance sur la dernière arête du Djbel-Dalka, et pendant que notre cavalerie et le convoi pénètrent dans le bois des Oliviers, Abd-el-Kader attaque le colonel Bedeau avec beaucoup de vigueur. L'intrépide 17.me léger, attend l'ennemi avec calme et lorsqu'il est à portée marche à lui et l'aborde à la baïonnette : un combat sanglant a lieu pendant quelques instans ; l'ennemi éprouve des pertes considérables ; il s'arrête pour attendre son infanterie que l'émir appelle en toute hâte des positions où il l'a placée. Le colonel Bedeau continue sa marche et vient s'établir dans le bois des Oliviers, que le reste de la colonne quitte au même instant pour pénétrer dans le long défilé qui conduit au Col.

Le général Dampierre prend le commandement de l'arrière-garde, arrête les bataillons du 15.me léger et du 48.me de ligne et leur fait prendre position pour appuyer le 17.me léger ; l'ennemi prépare une nouvelle attaque. La colonne venant de la Chiffa prend position sur les hauteurs à notre droite, la cavalerie pénètre dans le bois des Oliviers et les bataillons réguliers rappelés par Abd-el-Kader descendent rapidement la montagne. Le combat s'engage avec un acharnement remarquable ; le 17.me léger se porte de nouveau sur l'ennemi avec un courage et un aplomb digne des plus grands éloges. Les bataillons Arabes qui arrivent du côté de l'Ouest essaient d'arriver par une arête qui conduit à la mine de cuivre, sur les derrières du colonel Bedeau, le lieutenant-colonel de Salles lance sur eux la compagnie de tirailleurs du capitaine Clerq, et quelques chasseurs du 1.er régiment d'Afrique, auxquels il fait mettre pied à terre. En même temps, le général Blanquefort fait mettre pied à terre à un détachement des régimens de marche qui protège le centre du convoi. Un bataillon de zouaves arrive pour appuyer les mouvemens. L'ennemi se porte alors avec une nouvelle ardeur sur le 17.me léger ; la cavalerie d'Ab-el-Kader met pied à terre et arrive au secours de son infanterie. Le lieutenant-colonel de Salles dirige le deuxième bataillon de Zouaves et une compagnie de tirailleurs sur le flanc gauche du 17.me léger où ils prennent les ordres du commandant de l'arrière-garde.

Le combat continue pendant deux heures, toute notre cavalerie et le convoi passent le défilé, c'est alors que le premier bataillon de Zouaves prend position sur une crête qui domine le passage. L'intrépide duc d'Orléans se porte en avant avec le 2.me léger, pendant que le 17 léger et le 2.me bataillon de Zouaves se jettent sur l'ennemi avec une nouvelle ardeur.

Le combat cesse, les Arabes prennent à la course la direction du bois des Oliviers ; quelques obus précipitent leur retraite. Le 17.me léger, commandé par l'habile colonel Bedeau, et le deuxième bataillon de Zouaves, sous les ordres du brave commandant Renaud, se couvrent de gloire !!

L'armée est maîtresse de toutes les positions; elle se repose pendant la nuit au Col de Téniah, se porte dans la matinée du 21 sur la ferme de Mouzaya où elle arrive sans avoir à combattre !

Citons avec orgueil d'Orléans et Vallée,
D'Houdetot, Blanquefort, Rumigny, Duvivier,
Gueswiller, qui, lancé dans l'affreuse mêlée,
Couvre de flots de sang la profonde vallée
Et décore le mont d'un immortel laurier.

Drolenveaux, Levaillant et leur troupe guerrière,
Pélissier, de Chabaud, d'Elchingen, Montguyon,
Changarnier, Bellonet, Salles, Lamoricière,
Courtigis, de Charron, Hugues, Humann, Dampierre,
Bosc, Blanginy, Barral, Parizot, Porion.

Bedeau, Pagés, Leyritz, Magagnoc, de la Torre,
De Lahitte, Bernard, Montfort, Guyot, Duclaux,
De la Loge, Berten et Marchesan encore
Mille noms immortels dont la France s'honore,
Gloire à votre valeur, honneur à vos drapeaux.

Je t'oubliais d'Aumale, oh! j'oubliais ta gloire,
Ta gloire qui, naissante, a décoré ton front,
Ton front qui voit briller le nom d'une victoire
Et qui tout triomphal semble dire à l'histoire :
Du superbe Atlas j'ai dépassé le mont.

MILIANA.

Miliana est l'antique Maniana ; ses environs sont encore couverts de débris d'anciens monumens, et l'on retrouve dans la ville même des fragmens, assez bien conservés, d'architecture romaine. A deux lieues de Miliana, sur les bords du Chéliff, on voit un immense espace de territoire entièrement couvert de débris d'édifices, pierres, briques, tronçons de colonnes ; sur une infinité d'autres points de la province, on retrouve des traces de monumens de la grandeur romaine, et ces ruines, maintenant dispersées et foulées sous les pieds des Arabes, attestent combien cette contrée fut florissante avant qu'elle n'eût été bouleversée par les phénomènes naturels et les invasions des Barbares.

Cherchell (*Julia Cæsarca*) devenue le principal port et la métropole de la Numidie, attira la population Romaine, et bientôt la richesse du sol, la salubrité du climat, la magnificence des sites, la fixa sur cette terre d'Afrique. Miliana, par sa position centrale, au milieu d'une riche contrée, devint un foyer de civilisation, une florissante cité, résidence d'une foule de familles de l'aristocratie romaine. Le fils de Pompée mourut dans ces contrées , et la plupart des historiens placent son tombeau à Miliana.

Miliana est le point culminant qui termine et couvre la plaine de la Mitidja vers son extrémité occidentale, elle est située sur le versant méridional du Zaccar, et bâtie de trois côtés sur des rochers à pic , le quatrième se prolonge à la partie de la montagne qui s'élève au dessus du plateau, et dont les escarpemens sont presque inabordables.

On arrive au plateau de Miliana, par des pentes extrêmement raides et sur lesquelles des chemins presque impraticables ont été tracés par les Arabes. A l'est de la ville se trouve un ravin dans lequel coulent les eaux du Zaccar. A l'ouest une arête se détache du Zaccar et court dans la direction du Chéliff. Un chemin très difficile la franchit, coutourne le Zaccar et se rend à Cherchell ; auprès de cette arête passe le chemin qui conduit d'Oran à Miliana.

PRISE DE MILIANA.

Dix mille hommes sous les ordres du maréchal Vallée sont en bataille, ils passent la Chiffa, traversent sans rencontrer l'ennemi toute la plaine de la Mitidja, pénètrent dans un terrain couvert de broussailles où ils passent péniblement, et cette armée de braves prend son bivouac à Karoubet-el-Ouzri, au pied du Sahel des Beni-Menad.

Le 6 juin elle gravit les trois arêtes parallèles qui se détachent du Zaccar, traverse un terrain couvert de broussailles, arrive après un léger combat contre la tribu des Beni-Menad, sur les hauteurs qui dominent la Châaba-el-Kesta, les dépasse, franchit l'Ouâd-Hamman, et prend position au confluent de cette rivière et de l'Ouâd-Djer.

Le 7, elle quitte l'Ouâd-Djer, rejoint la route directe d'Alger à Oran, débouche dans la vallée de l'Ouâd-Adelia, la remonte lentement, arrive au Col du Gantas et vois dérouler sous ses pieds la belle vallée du Chéliff. Elle campe sur les deux rives de l'Ouâd-Sebouji et plante ses drapeaux dans cette vallée du Chéliff, qui n'a jamais vu nos armes victorieuses.

Le 8 , elle s'approche de Miliana d'où s'échappe un épais nuage de fumée , elle presse sa marche , arrive au marabout de Sidi Abd-el-Kader , vient se masser au pied du Zaccar où elle fait ses dispositions pour attaquer l'ennemi.

Le maréchal Vallée forme deux colonnes d'attaque , l'une sous les ordres du colonel Changarnier , l'autre sous ceux du colonel Bedeau , le brave général d'Houdetot les commande. Une batterie d'artillerie ouvre son feu au moment où ces colonnes commencent leur mouvement. L'ennemi n'essaie pas de résister, il fuit , s'échappe dans les montagnes , et Miliana nous appartient.

Mais la noble et importante mission confiée au gouverneur-général n'est point remplie, il faut compléter l'approvisionnement de Médéah et relier cette ville , par des communications faciles, à Alger et à Miliana.

Le convoi et la cavalerie , sous la protection de la deuxième division débouchent dans la plaine , le colonel Bedeau placé sur les hauteurs qui dominent la route à l'ouest arrête l'ennemi qui se présente en masse. Le capitaine de Barral fait sonner la charge , les zouaves arrivent rapidement sur les Arabes , les joignent corps à corps. L'ennemi lâche pied. Pendant cet engagement le colonel Changarnier et le 2.me léger suivent les hauteurs qui commandent la route à l'est. Il rencontre une masse de Kabiles et deux bataillons réguliers , lance sur eux le 2.me léger , les culbute , fait un carnage affreux et les fait fuir dans leurs montagnes.

La deuxième division se porte contre la cavalerie arabe, elle se disperse , mais vers trois heures elle descend sur notre gauche , le commandant Boüscarens les charge à la tête des spahis et des gendarmes maures, les culbute, et le corps expéditionnaire s'établit au marché de Djendell , sur la rive gauche du Chéliff.

Le 13 , nouveaux combats , nouvelles victoires , le 14 , il continue sa marche et parcourt le terrain ondulé et d'un accès difficile qui sépare le Gantas du chaînon du Nador.

Le colonel Changarnier arrive au Col sans obstacle , il fait occuper les crêtes ; dès que ce mouvement est prononcé la cavalerie ennemie se jette dans les ravins pour attaquer le bois des Oliviers où se trouve une batterie de montagne qui protège la marche de la deuxième division.

L'artillerie commence son feu, le colonel Rambaud fait battre la charge , le 48.me de ligne se précipite sur l'ennemi , le chasse des ravins la baïonnette dans les reins et le fait fuir en désordre.

Des détachemens de Kabiles se portent sur une arête qui touche à la mine de cuivre. Trois compagnies du 17.me léger les abordent à la baïonnette et les culbutent dans le ravin.

4

Le combat s'engage sur toute la ligne ; le colonel Changarnier, le général d'Houdetot, suivis par deux compagnies d'élite du 2.me et du 17.me léger, du 24.me et du 48.me de ligne, font sur l'ennemi un retour offensif. Une compagnie de sapeurs du génie les accompagne. L'ennemi est abordé avec vigueur et jeté dans des ravins impraticables ; il fuit précipitamment dans le bois des Oliviers, où notre artillerie lui fait éprouver de grandes pertes ; le feu cesse sur toute la ligne, et le drapeau français, toujours victorieux, flotte glorieusement sur ces crêtes où nos braves soldats trouvent le repos que réclame la fatigue du combat, ou la chaleur suffocante qui les accable.!!! Et les échos du mont Atlas, tout en répétant nos chants de victoire, font entendre à l'armée française cette proclamation du maréchal Vallée :

« Soldats,

» La première campagne de 1840 est terminée : elle a été glorieuse pour vous, utile à la colonie. Dans de brillans combats, vous avez vaincu constamment les troupes ennemies, vous avez dispersé les tribus qui avaient pris les armes contre vous. Le souvenir du passage du col de Mouzaya, des combats des 20 mai et 15 juin, sera toujours présent à la mémoire des soldats d'Afrique. Par la prise de Cherchell, de Médéah, de Miliana, vous avez posé dans la province de Tittery les fondemens d'un vaste système de domination, qui a fait la prospérité de la province de Constantine et la gloire de l'armée.

» Soldats, dans quelques mois, de nouveaux travaux, de nouveaux périls vous attendent; la France retrouvera en vous le dévoûment et la valeur dont vous avez donné tant de preuves; vous aurez la gloire de terminer cette guerre, qui dure depuis dix ans, et vous donnerez à la France une vaste et belle colonie!!! »

France! la mission que je m'étais imposée est remplie; et c'est sur le cratère embrasé d'où je n'ai fait jaillir qu'une étincelle que je viens réclamer ton appui. TEKEDEMPT, MASCARA, SAÏADA m'attendent, cent combats, cent victoire enflamment mon imagination d'un suave délire; l'Afrique m'offre de nouveau ses champs, l'Atlas ses lauriers; le brave Bugeaud ses conquêtes; d'Aumale, de Montpensier, Changarnier, Duvivier, Lamoricière, leur gloire, et cent mille guerriers leurs palmes triomphales!

FRANCE! j'ai dépassé la nue et franchi la distance, et c'est sur ton sol, ton sol qui m'a vu naître que je m'écrie :

Sois mon rêve de gloire ou mon brillant soleil,
Et que ta voix d'amour, ta voix, ta voix puissante,
Vienne me dire encor, sonore et frémissante :
Barde, je n'attendais que l'heure du réveil.

Que ce réveil d'amour, puisse voir ton offrande,
Et que l'ombre des cieux, l'ombre de d'Orléans,
Par ma voix ranimée, enfin, enfin descende
Et réclame à mon luth, Milah et les Bibans.
Ombres, oh! descendez, ombres mystérieuses,
Ombres que cent combats ont vu victorieuses,
Descendez et qu'un ange accompagne vos pas,
Que la trompette sonne une marche guerrière,
Et que vos ossemens perdus dans la poussière
S'arrachent glorieux de la nuit du trépas.

Oh! cortège imposant et d'ossemens et d'ombres
Viens montrer à mon luth, Douéra, Coléah,
De Mascara, Tekdempt, les fumantes décombres
Et les brillans lauriers de Saïada, Blidah,
Puis marche triomphal sur ton char de victoire,
Viens sur ma couche où plane un rayon de ta gloire
Où brille en lettres d'or le nom, le nom Français;
Et sur le sol sacré de la mère-patrie,
Que ta voix sépulcrale à l'instant même crie:
France, le Barde attend, tes dons et tes bienfaits.

FIN.